Für

INHALT

VON DER LIEBE

Da sagte Almitra:
Sprich zu uns von der Liebe.

Und er erhob sein Haupt,
sah die Menschen an
und eine Stille fiel auf sie.
Und mit starker Stimme sagte er:
Wenn dich die Liebe ruft, so folge ihr,
auch wenn ihre Wege schwer und steil sind.
Und wenn ihre Flügel dich umfassen,
gib ihr nach, auch wenn das Schwert
in ihrem Gefieder versteckt
dich verwunden kann.
Und wenn sie zu dir spricht, glaube ihr,
auch wenn ihre Stimme
deine Träume zerstört,
wie der Nordwind den Garten verwüstet.

So wie die Liebe dich krönt,
so kann sie dich auch kreuzigen.
So wie sie dein Wachstum begünstigt,
so ist sie auch für dein Beschneiden.
So wie die Liebe emporsteigt in deine Höhe
und deine zartesten Äste liebkost,
die in der Sonne zittern,

so wird sie hinabsteigen in deine Wurzeln
und sie erschüttern,
während sie die Erde festhalten.

Wie Getreidegarben
holt sie dich zu sich.
Sie drischt dich,
um dich nackt zu machen.
Sie siebt dich,
um dich von deiner Spreu zu trennen.
Sie mahlt dich, bis du weiß bist.
Sie knetet dich, bis du geschmeidig bist.
Und dann übergibt sie dich dem heiligen Feuer,
damit du heiliges Brot
für Gottes heiliges Mahl wirst.

Das alles tut dir die Liebe,
damit du die Geheimnisse
deines Herzens kennen lernst,
und in diesem Wissen
zu einem Teil des Herzens des Lebens wirst.

Aber wenn du in deiner Angst
nur nach dem Frieden
und der Lust der Liebe suchst,
dann ist es besser,
deine Nacktheit zu bedecken
und den Dreschboden zu verlassen,

um eine Welt ohne Jahreszeiten zu betreten,
wo du lachen wirst,
aber nicht all dein Lachen,
wo du weinen wirst,
aber nicht all deine Tränen.

Die Liebe gibt nichts als sich selbst
und nimmt nichts außer von sich selbst.
Die Liebe besitzt nicht
und lässt sich nicht besitzen,
weil die Liebe der Liebe genügt.

Wenn du liebst, solltest du nicht sagen,
„Gott ist in meinem Herzen",
sondern,
„Ich bin im Herzen Gottes."
Und denke nicht,
dass du die Liebe bestimmen kannst,
weil die Liebe,
– wenn sie dich würdig schätzt –,
dich bestimmen wird.

Die Liebe hat keinen anderen Wunsch,
als sich selbst zu erfüllen.
Aber wenn du liebst und Wünsche hast,
dann lass dies deine Wünsche sein:
Zu schmelzen und
wie ein fließender Bach zu sein,

der seine Melodie an die Nacht singt;
den Schmerz von zu viel Zartheit zu kennen;
verwundet zu werden
von deinem eigenen Verständnis der Liebe;
freiwillig und freudig zu bluten.

Im Morgengrauen
mit beschwingtem Herzen aufzuwachen
und dankbar zu sein
für einen neuen Tag des Liebens;
mittags auszuruhen
und über die Verzückung
der Liebe nachzusinnen;
am Abend mit Dankbarkeit
nach Hause zu kommen;
und dann zu schlafen,
mit einem Gebet
für den geliebten Menschen
in deinem Herzen
und mit einem Loblied
auf deinen Lippen.

VON DER EHE

Da sprach Almitra wieder und sagte:
Wie ist es mit der Ehe, Meister?

Und er antworte:
Ihr seid vereint geboren
und sollt auf ewig vereint sein.
Ihr sollt auch noch zusammen sein,
wenn die weißen Hügel des Todes
eure Tage verstreuen.
Sogar in der stillen Erinnerung Gottes
sollt ihr vereint bleiben.
Aber lasst Raum in eurem Miteinander
und lasst die Winde des Himmels
zwischen euch tanzen.

Liebt einander,
aber macht die Liebe
nicht zu einer Fessel:
Lasst die Liebe
die wogende See
zwischen den Ufern eurer Seelen sein.
Füllt einander den Becher
aber trinkt nicht aus *einem* Becher.
Gebt einander von eurem Brot,
aber esst nicht vom selben Brot.

Singt und tanzt zusammen und seid froh,
und doch soll jeder von euch
bei sich allein bleiben,
sowie die Saiten einer Laute
einzeln gespannt sind,
auch wenn sie mit derselben Musik erzittern.

Gebt einander eure Herzen,
aber gebt sie einander nicht zur Verwahrung,
weil nur die Hand des Lebens
eure Herzen aufnehmen kann.
Und steht beieinander,
aber steht einander nicht zu nah:
Die Säulen des Tempels stehen getrennt
und die Eiche und die Zypresse
wachsen nicht im gegenseitigen Schatten.

VON DEN KINDERN

Und eine Frau,
die ein Kind an ihrer Brust hielt, sagte:
Sprich zu uns von den Kindern.

Und er sagte:
Eure Kinder sind nicht eure Kinder.
Sie sind die Söhne und Töchter
der Sehnsucht des Lebens
nach sich selbst.
Sie kommen durch euch,
aber sie sind nicht von euch,
und auch wenn sie bei euch sind,
gehören sie euch nicht.

Ihr könnt ihnen eure Liebe geben,
aber nicht eure Gedanken,
weil sie ihre eigenen Gedanken haben.
Ihr könnt ihren Körpern eine Behausung geben,
aber nicht ihren Seelen,
weil ihre Seelen im Haus von Morgen wohnen,
welches ihr nicht betreten könnt,
noch nicht einmal in euren Träumen.
Ihr könnt versuchen,
wie sie zu sein,
aber versucht nicht,

sie euch anzugleichen,
– das Leben geht nicht rückwärts,
noch verweilt es beim Gestern.

Ihr seid die Bogen,
von denen eure Kinder
als lebende Pfeile abgeschossen werden.
Der Bogenschütze sieht das Ziel
auf dem Pfad der Unendlichkeit,
und Er biegt euch mit seiner Kraft,
damit seine Pfeile schnell und weit fliegen.
Möge das Gebogenwerden
in des Schützen Hand
Freude in euch auslösen.
So wie Er den fliegenden Pfeil liebt,
so liebt Er auch den Bogen,
der fest steht.

VON DER ARBEIT

Dann sagte ein Landwirt:
Sprich zu uns von der Arbeit.

Und er antwortete:
Ihr arbeitet, um Schritt zu halten mit der Erde
und der Seele der Erde.
Untätig zu sein heißt,
ein Fremder in den Jahreszeiten zu werden
und herauszutreten aus dem Ablauf des Lebens,
das majestätisch und in stolzer Hingabe
auf die Unendlichkeit zuschreitet.

Wenn ihr arbeitet,
seid ihr eine Flöte,
die das Flüstern der Stunden
in Musik verwandelt.
Wer von euch
will ein stummes, stilles Instrument sein,
wenn alles andere im Einklang singt?

Man hat euch immer wieder gesagt,
dass die Arbeit ein Fluch
und alle Mühe ein Unglück sei.
Ich aber sage euch,
wenn ihr arbeitet, erfüllt ihr einen Teil

des fernsten Traumes der Erde,
der euch bei der Geburt dieses Traumes
zugewiesen wurde.

Und wenn ihr bei der Arbeit bleibt,
liebt ihr in Wirklichkeit das Leben.
Das Leben durch die Arbeit zu lieben,
heißt aufs Engste vertraut zu sein
mit dem innersten Geheimnis des Lebens.
Aber wenn ihr in eurem Schmerz
die Geburt als Leid erlebt
und eure Fleischlichkeit als einen Fluch,
der euch auf die Stirn geschrieben ist,
dann antworte ich,
dass nur der Schweiß eurer Stirn
das wegwaschen wird,
was darauf geschrieben steht.

Euch ist auch gesagt worden,
Leben sei Dunkelheit,
und ihr in eurer Erschöpfung
wiederholt nur
die Worte der Erschöpften.
Ich sage euch,
dass das Leben in der Tat Dunkelheit ist,
außer da, wo es einen Drang gibt,
und jeder Drang ist blind,
außer da, wo es Wissen gibt,

und alles Wissen ist eitel,
außer da, wo es Arbeit gibt,
und alle Arbeit ist leer,
außer da, wo es Liebe gibt.
Und wenn ihr mit Liebe arbeitet,
bindet ihr euch an euch selbst,
aneinander und an Gott. [...]

Arbeit ist Liebe sichtbar gemacht.
Und wenn du nicht mit Liebe arbeitest,
sondern mit Abneigung,
dann wäre es besser,
du würdest deine Arbeit verlassen
und dich an die Tempelpforte setzen,
um Almosen von denen zu empfangen,
die mit Freuden arbeiten.
Wenn du gleichgültig Brot backst,
backst du ein bitteres Brot,
das den Hunger eines Menschen nur halb stillt.
Und wenn du widerwillig die Trauben presst,
wird dein Widerwillen den Wein giftig machen.
Und wenn du wie die Engel selbst
singen würdest,
aber dein Singen nicht liebtest,
würdest du das Gehör der Menschen
für die Stimmen des Tages und der Nacht
nur trüben.

VON DER FREIHEIT

Und ein Redner sagte:
Sprich zu uns von der Freiheit.

Und er antwortete:
An der Pforte zur Stadt
und an eurer Feuerstelle
habe ich gesehen,
wie ihr euch niederwarft,
um die Freiheit zu verehren,
so wie Sklaven sich demütigen
vor einem Tyrannen,
auch wenn er sie erschlägt.
Ja, im Tempelhain und im Schatten der Burg
habe ich die Freisten von euch
ihre Freiheit wie ein Joch
und wie Handschellen tragen sehen.
Da blutete mein Herz in mir,
weil ihr nur frei sein könnt,
wenn sogar das Verlangen nach Freiheit
kein Zügel für euch ist, und wenn ihr aufhört,
von der Freiheit als Ziel und Erfüllung zu reden.

Ihr werdet frei sein,
wenn eure Tage nicht ohne Sorge sind
und eure Nächte nicht ohne Not und Leid.

Wenn diese Dinge euer Leben umgeben
und ihr euch trotzdem über sie erhebt,
nackt und ungebunden,
dann werdet ihr frei sein.

Und wie werdet ihr
eure Tage und Nächte übersteigen,
wenn ihr nicht die Ketten zerbrecht,
die ihr am Anfang eures Begreifens
um den Höhepunkt eures Lebens gelegt habt?
Das, was ihr Freiheit nennt,
ist die stärkste aller Ketten,
auch wenn ihre Glieder in der Sonne glitzern
und eure Augen blenden.

Sie ist nichts anderes als Stücke eures Ich,
die ihr ablegen wollt, um frei zu werden.
Wenn es ein ungerechtes Gesetz ist,
das ihr abschaffen möchtet,
dann war dieses Gesetz
euch mit eurer eigenen Handschrift
auf die Stirn geschrieben.
Ihr könnt es nicht auslöschen,
indem ihr eure Gesetzbücher verbrennt
oder indem ihr die Stirnen eurer Richter wascht,
selbst wenn ihr das ganze Meer
über sie ausschütten würdet.
Wenn es ein Tyrann ist, den du entthronen willst,

dann sieh zu, dass zuerst der Thron,
der in dir errichtet ist, zerstört wird.
Denn wie kann ein Tyrann
freie und stolze Menschen regieren,
wenn diese nicht zuvor tyrannisch
mit ihrer eigenen Freiheit umgingen
und sich ihres eigenen Stolzes schämten?

Und wenn es eine Sorge ist,
die ihr abwerfen wollt,
dann vergesst nicht,
dass ihr diese Sorge gewählt habt
– sie wurde euch nicht aufgedrängt.
Und wenn ihr eine Angst los werden wollt,
denkt daran, dass die Angst
in eurem Herzen ist
und nicht in der Hand, die ihr fürchtet.

Wahrlich, alles in euch
bewegt sich in einer halben Umarmung,
das Erwünschte und das Gefürchtete,
das Abstoßende und das Geliebte,
das, was ihr verfolgt,
und das, dem ihr zu entkommen versucht.
Diese Dinge bewegen sich in euch
wie Licht und Schatten,
in Paaren, die aneinander hängen.
Wenn der Schatten verschwindet,

dann wird das zurückbleibende Licht
zum Schatten für ein anderes Licht.
So wird eure Freiheit,
wenn sie ihre Fesseln verliert,
selbst Fessel für eine größere Freiheit.

VOM SCHMERZ

Und eine Frau sprach und sagte:
Erzähle uns vom Schmerz.

Und er sprach:
Euer Schmerz kommt
vom Aufbrechen der Schale,
die euer Verstehen umschließt.
So wie der Stein einer Frucht aufbrechen muss,
damit sein Herz in der Sonne sein kann,
so müsst ihr Schmerz erleben.

Und wenn ihr euch das Staunen erhalten könntet
über die täglichen Wunder eures Lebens,
so wäre euer Schmerz nicht weniger erstaunlich
als eure Freude.
Dann würdet ihr die vier Jahreszeiten
eures Herzens so annehmen,
wie ihr die Jahreszeiten annehmt,
die über eure Felder ziehen.
Ihr würdet mit Gelassenheit
die Winter eurer Trauer beobachten.

Viel Schmerz ist selbst gewählt.
Es ist der bittere Trank,
mit dem der Arzt in euch

euer krankes Ich heilt.
Darum traut dem Arzt
und trinkt sein Heilmittel
in Stille und Ruhe:
Seine Hand, auch wenn sie schwer und hart ist,
wird von der sanften Hand des Unsichtbaren geleitet,
und der Becher, den er euch bringt,
– auch wenn er eure Lippen verbrennt –,
wurde von dem Lehm geformt,
den der Töpfer
mit seinen heiligen Tränen befeuchtet hat.

VOM REDEN

Danach sagte ein Gelehrter:
Sprich zu uns über das Reden.

Und er antwortete:
Ihr redet, wenn ihr aufhört,
mit euren Gedanken im Frieden zu leben.
Und wenn ihr nicht mehr
in der Einsamkeit eures Herzens leben könnt,
dann lebt ihr in euren Lippen,
und die Laute, die ihr macht,
sind Ablenkung und Zeitvertreib.
In vielen eurer Gespräche
wird das Denken halb umgebracht.
Das Denken ist ein Vogel des Raums
– in einem Käfig von Worten
mag der Vogel seine Flügel ausbreiten,
aber er kann nicht fliegen.

Es gibt die unter euch,
die aus Angst vor dem Alleinsein
die Gesprächigen aufsuchen.
Die Stille des Alleinseins zeigt ihnen
ihr nacktes Ich,
dem sie entfliehen möchten.

Und dann gibt es die, die reden
und ohne Wissen und Überlegung
eine Wahrheit offenbaren,
die sie selbst nicht verstehen.

Und es gibt die,
die die Wahrheit in sich tragen,
sie aber nicht in Worten ausdrücken.
In der Brust dieser Menschen
wohnt der Geist
in rhythmischer Stille.

Wenn du deinen Freund auf der Straße triffst
oder auf dem Marktplatz,
dann erlaube dem Geist,
deine Lippen zu bewegen
und deine Zunge zu leiten.
Lass die Stimme in deiner Stimme
zum Ohr in deines Freundes Ohr sprechen,
und seine Seele wird sich
an die Wahrheit deines Herzens erinnern,
wie man sich an den Geschmack
eines Weins erinnert,
wenn die Farbe vergessen
und das Gefäß nicht mehr da ist.

VOM GEBET

Dann sagte eine Priesterin:
Sprich zu uns vom Gebet.

Und er antwortete:
Ihr betet in Kummer und Not,
würdet ihr doch auch beten
in der Fülle der Freude
und in euren Tagen des Überflusses.

Denn was anderes ist das Gebet,
als eure Ausdehnung in den lebenden Äther?
Und wenn es euch erleichtert,
eure Dunkelheit in den Weltenraum zu gießen,
dann kann es auch zu eurer Freude dienen,
das Erwachen eures Herzens auszugießen.

Und wenn ihr nur weinen könnt,
wenn eure Seele euch zum Gebet ruft,
dann soll sie euch doch immer wieder anspornen,
– auch wenn ihr dabei weint –,
bis ihr lachen könnt.

Wenn ihr betet, steigt ihr auf,
um die in der Luft zu treffen,
die genau in der Stunde auch beten,
und die ihr ohne Gebet nicht getroffen hättet.

Darum lasst euren Besuch
in dem unsichtbaren Tempel
für nichts anderes da sein,
als für die Verzückung
und das süße Abendmahl.
Wenn ihr den Tempel
nur zum Bitten betretet,
werdet ihr nicht empfangen.
Wenn ihr ihn nur betretet,
um euch zu demütigen,
werdet ihr nicht emporgehoben werden.
Oder wenn ihr ihn betretet,
nur um etwas Gutes für andere zu erbitten,
werdet ihr nicht gehört werden.
Es reicht,
dass ihr den unsichtbaren Tempel
nur betretet.

Ich kann euch nicht lehren,
wie ihr mit Worten beten sollt.
Gott hört nicht auf eure Worte,
außer wenn er sie durch eure Lippen spricht.
Und ich kann euch nicht
das Gebet der Meere, Wälder und Berge lehren.
Aber ihr, die ihr von den Bergen,
den Wäldern und dem Meer geboren seid,
findet deren Gebete in eurem Herzen.

Und wenn ihr in der Stille der Nacht lauscht,
hört ihr sie schweigend sagen:
„Unser Gott, der du unser geflügeltes Ich bist,
es ist dein Wille in uns, der will,
und es ist dein Verlangen in uns, das verlangt.
Es ist dein Drang in uns,
der unsere Nächte, die dein sind,
in Tage verwandelt, die auch dein sind.
Wir können dich um nichts bitten,
denn du kennst unsere Bedürfnisse,
ehe sie uns bewusst werden:
Du bist unser Bedürfnis,
und indem du uns mehr von dir selbst gibst,
gibst du uns alles.“

VON DER RELIGION

Ein alter Priester sagte:
Sprich zu uns von der Religion.

Und er sagte:
Habe ich heute
von irgendetwas anderem gesprochen?
Religion besteht
aus all unseren Taten
und Überlegungen,
und ebenso aus allem,
was weder Tat noch Überlegung
und nur Staunen
und Überraschung in der Seele ist,
während die Hand den Stein behaut
oder den Webstuhl bedient.

Wer kann seinen Glauben
von seinen Taten trennen,
und seine Überzeugung von seinem Beruf?
Wer kann seine Stunden vor sich ausbreiten
und sagen:
„Dies ist für Gott und dies ist für mich;
dies ist für meine Seele
und dies ist für meinen Körper?“

Alle eure Stunden sind Flügel,
die durch den Weltenraum schlagen,
von einem Ich zum andern.
Wer seine Moral als bestes Gewand besitzt,
ginge lieber nackt.
Wind und Sonne
werden keine Löcher in seine Haut reißen.
Und wer sein Verhalten
nach moralischen Vorschriften entscheidet,
steckt seinen Singvogel in einen Käfig.
Das freie Lied kommt nicht
durch Stäbe und Drähte.

Und der,
für den Anbetung ein Fenster ist,
das er öffnen oder schließen kann,
hat noch nicht das Haus der Seele besucht,
dessen Fenster offen sind
von Morgenröte zu Morgenröte.

Euer tägliches Leben
ist euer Tempel und eure Religion.
Wenn ihr es betretet,
nehmt alles mit, was ihr besitzt.
Bringt den Pflug und die Schmiede,
den Hammer und die Laute,
bringt die Dinge, die ihr geschaffen habt,
sei es aus Notwendigkeit oder aus Freude.

In euren Träumen könnt ihr weder
höher als eure Leistungen steigen,
noch tiefer fallen als euer Versagen.
Und nehmt alle Menschen mit:
In der Verehrung könnt ihr nicht höher fliegen
als ihre Hoffnungen
und euch nicht tiefer erniedrigen
als ihre Verzweiflung.

Und wenn ihr Gott kennen lernen wollt,
versucht nicht, alte Rätsel zu lösen.
Seht euch lieber um,
und ihr werdet ihn mit euren Kindern
spielen sehen.
Und schaut in den Weltenraum hinaus
und ihr werdet ihn in den Wolken sehen,
seine ausgestreckten Arme im Blitz
und herabsteigen im Regen.
Ihr werdet ihn in Blumen lächeln sehen,
dann sehen, wie er aufsteigt
und mit seinen Händen aus Bäumen winkt.

Die Texte wurden von Ludger Hohn-Morisch ausgewählt aus:
Khalil Gibran, Der Prophet. Neu übertragen von Ulrich Schaffer.
Verlag Herder, Freiburg i. Br. 2001.

Gestaltung: Finken & Bumiller, Stuttgart
Umschlagmotiv: zefa visual media, Düsseldorf
Bilder im Innenteil: Ulrich Schaffer

www.herder.de
Druck und Bindung: Proost, Turnhout 2002
Gedruckt auf umweltfreundlichem,
chlor- und säurefrei gebleichtem Papier
ISBN 3-451-27883-9